Dips und Aufstriche

Rezepte für den Thermomix TM 31

W0200436

Vorwort

Ob beim Grillabend, zum Buffet oder einfach mal zwischendurch aufs Brot sind unterschiedliche Dips und Aufstriche sehr beliebt.

Interessante und vielfältige Rezepte von schlicht bis ausgefallen finden Sie in unserem Thermomix Kochbuch.

Herzhafte Dips mit Kräutern, Ei oder Paprika, aber auch fruchtige Alternativen wie eine Mangocreme oder einen Käse-Bananen-Aufstrich haben wir hier für Sie zusammengestellt.

Aus fast 50 verschiedenen Rezepten finden Sie hier für sich und Ihre Gäste den passenden Dip oder Aufstrich, den Sie mit dem Thermomix schnell und einfach zubereiten können.

Für jeden Anlass und für jeden Geschmack ist sicherlich das richtige Rezept für Sie dabei.

Inhaltsverzeichnis

Avocado-Tomaten-Dip

Zutaten

1	Schalotte
1	Knoblauchzehe
1	Avocado
1	Tomate
65 g	Joghurt
5 Tr.	Tabasco
1	Prise Salz
etwas Pfeffer	

Zubereitung

- Schalotte und Knoblauch in den Mixtopf geben, **4 Sek. / Stufe 5** zerkleinern.
- Avocado halbieren, Stein entfernen und das Fruchtfleisch in den Mixtopf dazugeben.
- Die Tomate häuten, vierteln, entkernen und ebenfalls in den Mixtopf geben, **2 Sek. / Stufe 5** vermischen.
- Joghurt und Gewürze hinzufügen, **5 Sek. / Stufe 2** verrühren.

Tipp:

Zur Aufbewahrung den Avocadostein in den Dip legen. Dieser verhindert, dass der Dip braun wird.

Frühlings-Dip

Zutaten

1	kleine Knoblauchzehe
½	Limette, Abrieb davon
¼ Tl	Kräutersalz
100 g	Frischkäse
100 g	Schmand
35 g	Schnittlauch, in feinen Röllchen
2 Tl	Honig
1 El	Zitronenthymian, frisch
1 El	Zitronenmelisse, frisch

Zubereitung

- Knoblauch, Limettenabrieb und Kräutersalz in den Mixtopf geben, **4 Sek. / Stufe 6** zerkleinern.
- Die restlichen Zutaten hinzufügen und **12 Sek. / Stufe 2** vermischen.

Thunfischcreme

Zutaten

1 Dose	Thunfisch (140 g Abtropfgew.)
15 g	Zwiebeln
45 g	Schmand
50	Mayonnaise
70 g	Frischkäse
2 Tl	Limettensaft
10 g	Schnittlauch, in Röllchen

Zubereitung

- Thunfisch abtropfen lassen.
- Zwiebeln in den Mixtopf geben, **3 Sek. / Stufe 5** zerkleinern.
- Den Thunfisch hinzufügen und **1 Sek. / Stufe 5** vermischen.
- Restliche Zutaten hinzugeben, **10 Sek. / Stufe 2** vermengen.

Radieschen-Frischkäse-Creme

Zutaten

150 g	Radieschen
1	Knoblauchzehe
2 El	Lauchzwiebeln, sehr fein geschnitten
100 g	Frischkäse
40 g	Butter, weich
1 Tl	Zitronensaft
½ Tl	Zucker
1 Tl	Salz
etwas Pfeffer	

Zubereitung

- Radieschen und Knoblauch in den Mixtopf geben, **3 Sek. / Stufe 6** zerkleinern.
- Die restlichen Zutaten hinzufügen und **20 Sek. / Stufe 3** vermengen.

Tipp:

Diese Creme am besten erst kurz vor dem Servieren zubereiten, da die Radieschen gelegentlich noch Wasser abgeben wenn die Creme zu lange steht.

Eier-Schinken-Creme

Zutaten

2	Eier
500 g	Wasser
65 g	Kochschinken, in Scheiben
15 g	Kapern
5 g	Petersilie
220 g	Frischkäse
5 g	Senf
50 g	Mayonnaise
1 Tl	Zitronensaft
1 Tl	Zucker

etwas Pfeffer

Zubereitung

- Die Eier in das Garkörbchen legen.
- Wasser in den Mixtopf einwiegen, Körbchen einhängen und **15 Min. / Varoma / Stufe 1** kochen.
- Die Eier abschrecken, auskühlen lassen, schälen und halbieren.
- Schinken, Kapern und Petersilie in den sauberen Mixtopf geben, **2 Sek. / Stufe 6** zerkleinern.
- Die Eier sowie die restlichen Zutaten hinzufügen und **5 Sek. / Stufe 3** vermischen.

Gorgonzola-Cranberry-Dip

Zutaten

1	Birne
20 g	Butter
2 El	Mehl
25 g	Holundersaft
50 g	Milch
20 g	Cranberrys, getrocknet
50 g	Gorgonzola-Mascarpone-Käse
70 g	Crème fraîche
½ Tl	Salz
1 Tl	Honig
etwas Pfeffer	

Zubereitung

- Die Birne schälen, halbieren, Kerngehäuse entfernen und in den Mixtopf geben, **1 Sek. / Stufe 4** zerkleinern.
- Butter hinzufügen, **1 Min. / 100°C / Stufe 1** schmelzen.
- Mehl dazugeben, **2 Min. / 100°C / Stufe 2** anschwitzen.
- Saft und Milch hinzufügen und **2 Min. / 100°C / Stufe 2** garen.
- Die restlichen Zutaten hinzufügen, **1 Min. / 100°C / ⟲ / Stufe 2** vermischen.
- Den Dip abkühlen lassen.

Tipp:

Sie können diesen Dip auch warm als Sauce verwenden.

Rinder-Creme

Zutaten

1	Schalotte, halbiert
250 g	Rinderfilet od. Rinderhüfte
10 g	Öl
30 g	Ajvar, mild
1 Tl	Tomatenmark
½ Tl	Salz
¼ Tl	Pfeffer
½ Tl	Paprika

Zubereitung

- Schalotte und Fleisch in Stücken in den Mixtopf geben, **6 Sek. / Stufe 6–7** zerkleinern.
- Die restlichen Zutaten hinzufügen und **10 Sek. / ⟲ / Stufe 3** vermengen.

Tipp:

Die Rindercreme immer frisch erst kurz vor dem Servieren zubereiten.

Krabben-Creme

Zutaten

130 g	Mayonnaise
120 g	Schmand
15 g	Sahnemeerrettich
1 Tl	Zitronensaft
1 Msp.	Curry
1 Msp.	Pfeffer
1 Tl	Zucker
7 Tr.	Maggi
½ Tl	Salz
200 g	Krabben, gekocht und geschält

Zubereitung

- Alle Zutaten, ausgenommen die Krabben, in den Mixtopf geben und **10 Sek. / Stufe 3** vermengen.
- Die Krabben hinzufügen und **10 Sek. / ↺ / Stufe 2** unterheben.

Tomaten-Gurken-Dip

Zutaten

80 g	Tomaten
70 g	Salatgurke
1	Knoblauchzehe
1 El	Rum
3 El	Orangensaft
2 El	gemischte Kräuter, gehackt
150 g	Frischkäse
100 g	Schmand
½ Tl	Salz

etwas Pfeffer

Zubereitung

- Tomaten häuten, entkernen und grob zerkleinern.
- Die Gurke schälen, entkernen und in Stücke schneiden.
- Tomaten, Gurke und Knoblauch in den Mixtopf geben, **2 Sek. / Stufe 5** zerkleinern.
- Die restlichen Zutaten hinzufügen und **10 Sek. / Stufe 3** vermischen.

Kassler-Aufstrich

Zutaten

20 g	Zwiebeln
1	Knoblauchzehe
130 g	Kassler
130 g	Crème fraîche
2 El	Schnittlauch, in Röllchen
½ Tl	Salz

etwas Pfeffer und etwas Zucker

Zubereitung

- Zwiebeln und Knoblauch in den Mixtopf geben, **3 Sek. / Stufe 6** zerkleinern.
- Kassler in Stücken hinzufügen, **3 Sek. / Stufe 6** ebenfalls zerkleinern.
- Die restlichen Zutaten hinzufügen und **5 Sek. / Stufe 2** verrühren.

Thunfisch-Kapern-Dip

Zutaten

170 g	Thunfisch in Öl (Dose)
3	Sardellenfilets
1 El	Kapern
1 El	Limettensaft
1 Tl	Weißweinessig
1½ Tl	Zucker
100 g	Olivenöl
60 g	Schmand
2	Eigelb

etwas Pfeffer

Zubereitung

- Thunfisch gut abtropfen lassen und zusammen mit den Sardellen sowie den Kapern in den Mixtopf geben, **4 Sek. / Stufe 10** zerkleinern.
- Die restlichen Zutaten hinzufügen und **5 Sek. / Stufe 10** vermischen.

Tipp:

Dieser Dip eignet sich ausgezeichnet für Vitello Tonnato.

Bruschetta-Aufstrich

Zutaten

1000 g	Wasser
5	große Tomaten
15 g	Basilikum
5 g	Petersilie
2	Knoblauchzehen
5 g	Tomatenmark
20 g	Olivenöl
1 Tl	Zitronensaft
1 Tl	Tomatengewürz
2 Tl	Zucker
1 ½ Tl	Salz
½ Tl	Oregano, getrocknet
½ Tl	Thymian, getrocknet

Zubereitung

- Wasser in den Mixtopf geben, **4 Min. /100°C /Stufe 1** erhitzen.
- Inzwischen bei den Tomaten den Strunk entfernen und diese kreuzförmig einschneiden.
- Die Tomaten in eine Schüssel geben, mit dem heißen Wasser übergießen und ca. 2 Min. stehen lassen.
- Anschließend die Tomaten häuten, das Kerngehäuse entfernen und die Tomaten trockentupfen.
- Kräuter und Knoblauch in den Mixtopf geben, **3 Sek. /Stufe 8** zerkleinern.
- Die restlichen Zutaten und die Tomaten hinzufügen, **1 Sek. /Stufe 5** vermischen.
- Überschüssige Flüssigkeit bitte abgießen.

Tipp:

Schmeckt sehr gut auf geröstetem Baguette. Das Baguette in Scheiben schneiden und vorher kurz in einer Pfanne mit etwas Öl anrösten.

Feta-Rucola-Creme

Zutaten

40 g	Rucola, entstielt
100 g	Feta
70 g	Frischkäse
100 g	Saure Sahne
50 g	Mascarpone
½ Tl	Kräutersalz
1 Tl	Honig
½ Tl	Zucker
¼ Tl	Pfeffer

Zubereitung

- Rucola in den Mixtopf geben und **3 Sek. / Stufe 7** zerkleinern.
- Den Rucola mit dem Spatel runterschieben und nochmals **3 Sek. / Stufe 5** zerkleinern.
- Den Feta hinzufügen, **10 Sek. / Stufe 5** vermischen.
- Die restlichen Zutaten hinzugeben und **15 Sek. / Stufe 4** vermengen.

Mango-Chutney

Zutaten

1	Orange, Abrieb und Fruchtfleisch
500 g	Mangofruchtfleisch, in Stücken
1	Knoblauchzehe, zerkleinert
1 Tl	Weißweinessig
½ Tl	Salz
1 El	Zitronenthymian, frisch
25 g	Gelierzucker

etwas Zimt, Ingwer, Cayennepfeffer und Zitronengras

Zubereitung

- Von der Orange die Schale abreiben, anschließend schälen und das Fruchtfleisch grob zerkleinern.
- Fleisch und Abrieb der Orange sowie die restlichen Zutaten in den Mixtopf geben, **10 Min. /100°C /Stufe 2** kochen.
- Das Chutney kalt z.B. zu Fisch oder zu Meeresfrüchten servieren.

Tipp:

Sie können das Chutney noch heiß in Gläser füllen, sofort verschließen und umgedreht auf dem Deckel 10 Min. stehen lassen.

Tatar-Aufstrich

Zutaten

35 g	Zwiebeln
45 g	Gewürzgurke, geschält
1 Tl	Kapern
2 El	Öl
½ Tl	Salz
2	Spritzer Maggi
1	Eigelb
etwas Pfeffer	
250 g	Tatar

Zubereitung

- Zwiebeln, Gurke und Kapern in den Mixtopf geben, **3 Sek. / Stufe 5** zerkleinern und mit dem Spatel runterschieben.
- Die restlichen Zutaten zugeben und **8 Sek. / ↺ / Stufe 3** vermengen.

Parmesan-Butter mit Kresse

Zutaten

100 g	Parmesan
1	Kästchen Kresse
180 g	Butter, weich in Stücken
½ Tl	Salz
1 Msp.	Pfeffer
½ Tl	Paprika
1 Tl	Ajvar, mild

Zubereitung

- Parmesan in Stücken in den Mixtopf geben, **10 Sek. / Stufe 10** reiben.
- Kresse abschneiden, zusammen mit den restlichen Zutaten in den Mixtopf geben und **10 Sek. / Stufe 5** vermischen.

Sardellen-Eier-Creme

Zutaten

2	Eier
500 g	Wasser
3	Sardellenhälften
2 El	Petersilie
170 g	Frischkäse
50 g	Butter, weich in Stücken
½ Tl	Salz
etwas Pfeffer	

Zubereitung

- Die Eier in das Garkörbchen legen.
- Wasser in den Mixtopf einwiegen, Körbchen einhängen und **15 Min. / Varoma / Stufe 1** kochen.
- Die Eier abschrecken, auskühlen lassen, schälen und halbieren.
- Sardellen und Petersilie in den Mixtopf geben, **3 Sek. / Stufe 5** zerkleinern.
- Eier sowie die restlichen Zutaten hinzufügen, **20 Sek. / Stufe 3** vermengen.

Käse-Bananen-Aufstrich

Zutaten

50 g	grüne Paprika
100 g	Gouda, in 2 x 2 cm Würfeln
90 g	Banane, halbiert
60 g	Kochschinken, in Scheiben
40 g	Schmand
70 g	Mayonnaise
½ Tl	Salz
2 Tl	Zitronensaft

etwas Pfeffer

Zubereitung

- Paprika schälen, in Stücke schneiden und zusammen mit den Käsewürfeln in den Mixtopf geben, **3 Sek. / Stufe 5** zerkleinern.
- Banane und Schinken hinzufügen, **3 Sek. / Stufe 5** ebenfalls zerkleinern.
- Die restlichen Zutaten hinzugeben und **5 Sek. / Stufe 3** vermengen.

Pikante Feigencreme

Zutaten

5 g	Ingwer
1	Knoblauchzehe
110 g	frische Feigen, halbiert
60 g	Saure Sahne
150 g	Ziegenfrischkäse
1 Msp.	Chili
1 Tl	Honig
½ Tl	Salz

Zubereitung

- Ingwer, Knoblauch sowie die Feigen in den Mixtopf geben, **6 Sek. / Stufe 10** pürieren.
- Die restlichen Zutaten hinzufügen und **10 Sek. / Stufe 3** vermengen.

Kräuter-Waldmeister-Dip

Zutaten

30 g	Kräuter, gemischt
1	Knoblauchzehe
1	Pfirsich, gehäutet und entsteint
120 g	Frischkäse
200 g	Joghurt (10%)
1 El	Waldmeistersirup
1 Tl	Honig
½ Tl	Ingwerpulver
1	Prise Salz

etwas Cayennepfeffer

Zubereitung

- Kräuter, Knoblauch und Pfirsich in Stücken in den Mixtopf geben, **5 Sek. / Stufe 7** zerkleinern.
- Die restlichen Zutaten hinzufügen und **6 Sek. / Stufe 3** vermischen.

Oliven-Creme

Zutaten

25 g	Zwiebeln
3	Sardellenfilets
60 g	schwarze Oliven, entsteint
60 g	grüne Oliven, entsteint
1 El	Kapern
15 g	Olivenöl
15 g	Schmand
1½ Tl	Zucker
1 Msp.	Pfeffer

Zubereitung

- Alle Zutaten in den Mixtopf geben und **35 Sek./Stufe 10** pürieren.

Tipp:

Schmeckt wunderbar auf frischem Fladenbrot oder Ciabatta.

Eier-Dip

Zutaten

2	Eier
500 g	Wasser
10 g	gemischte Kräuter, gehackt
20 g	Orangensaft
2 Tl	Senf
200 g	Schmand
100 g	Quark
½ Tl	Salz
1–2 Tl	Honig
1 Tl	Meerretich

etwas Pfeffer

Zubereitung

- Die Eier in das Garkörbchen legen.
- Wasser in den Mixtopf einwiegen, Körbchen einhängen und **15 Min. / Varoma / Stufe 1** kochen.
- Die Eier abschrecken, auskühlen lassen, schälen und halbieren.
- Eier zusammen mit den Kräutern im Mixtopf **1 Sek. / Stufe 4** zerkleinern.
- Die restlichen Zutaten hinzugeben und **15 Sek. / Stufe 1–2** vermischen.

Obatzda mit Bier

Zutaten

2	Schalotten
200 g	Brie
90 g	Kräuterfrischkäse
30 g	Butter
25 g	Schmand
30 g	Bier
½ Tl	Senf, mittelscharf
¼ Tl	Salz
1 Msp.	Pfeffer
1 Tl	Paprika
½ Tl	Honig

Zubereitung

- Schalotten in den Mixtopf geben, **3 Sek. / Stufe 5** zerkleinern.
- Brie in Stücken dazugeben, **5 Sek. / Stufe 4** vermischen.
- Die restlichen Zutaten hinzufügen und **10 Sek. / Stufe 3** vermengen.

Tipp:

Passt sehr gut zu Baguette oder einem frischen Bauernbrot.

Kräuter-Quark-Dip

Zutaten

160 g	Joghurt
200 g	Quark
½ Tl	Zitronensaft
3 Tl	Zucker
1 Tl	Salz
etwas Pfeffer	
1 Tl	Schnittlauch, in feinen Röllchen
1 Tl	Petersilie, fein gehackt
1 Tl	Thymian, fein gehackt

Zubereitung

- Alle Zutaten in den Mixtopf geben und **10 Sek. / Stufe 4** vermischen.

Tipp:

Ideal zu Pellkartoffeln.

Preiselbeeren-Meerrettich-Dip

Zutaten

1	Knoblauchzehe
75 g	Preiselbeeren (Glas)
200 g	Frischkäse
1	Prise Salz
etwas Chili	
15 g	Meerrettich

Zubereitung

- Knoblauch und Preiselbeeren in den Mixtopf geben, **5 Sek. / Stufe 6** zerkleinern.
- Die restlichen Zutaten hinzufügen und **10 Sek. / Stufe 2** vermengen.

Mango-Creme

Zutaten

60 g	Mangofruchtfleisch
70 g	Mascarpone
50 g	Ricotta
90 g	Frischkäse
1 Msp.	Piment
1 Msp.	Paprika, scharf
2 Msp.	Kurkuma
1/4 Tl	Kräutersalz
1/4 Tl	Pfeffer

Zubereitung

- Mango in Stücke schneiden.
- Alle Zutaten in den Mixtopf geben und **20 Sek. / Stufe 4** vermischen.

Rucola-Nuss-Creme

Zutaten

10 g	Walnüsse
10 g	Zwiebeln
1 kl.	Knoblauchzehe
10 g	Rucola, entstielt
100 g	Frischkäse
90 g	Crème fraîche
10 Tr.	Tabasco
1	Limette, Abrieb davon
1 Tl	Limettensaft
1	Prise Salz

etwas Zucker und Pfeffer

Zubereitung

- Nüsse, Zwiebeln, Knoblauch und Rucola in den Mixtopf geben, **5 Sek. / Stufe 6** zerkleinern.
- Die restlichen Zutaten hinzufügen und **8 Sek. / Stufe 2–3** vermengen.

Tomaten-Dip

Zutaten

160 g	Tomaten, gehäutet und entkernt
10 Bl.	Basilikum
150 g	Frischkäse
½ Tl	Zucker
2 Tl	Limettensaft
½ Tl	Salz
etwas Pfeffer	

Zubereitung

- Tomaten in grobe Stücke schneiden.
- Alle Zutaten in den Mixtopf geben, **4 Sek. / Stufe 5** zerkleinern.

Tipp:

Dieser leichte frische Dip eignet sich sehr gut zum Grillen.

Hummus

Zutaten

1 Dose	Kichererbsen (ca. 400g)
2	Knoblauchzehen
3	Sardellenhälften
50 g	Schmand
½ Tl	Zucker
½ Tl	Paprikapulver
1 Msp.	Kreuzkümmel, gemahlen
½ Tl	Salz
½ Tl	Keftapulver
3 Tl	Limettensaft
30 g	Öl

Zubereitung

- Kichererbsen in den Mixtopf geben, **15 Min. /100°C / Stufe 2** kochen.
- Die Erbsen etwas abkühlen lassen.
- Die restlichen Zutaten hinzufügen und **1 Min. / Stufe 10** pürieren.

Pikante-Pfirsich-Creme

Zutaten

1	Knoblauchzehe
5 g	Ingwer
90 g	Pfirsiche, entkernt
100 g	Quark
90 g	Frischkäse
½ Tl	Salz
1 Msp.	Chili
1 Tl	Zitronensaft

Zubereitung

- Knoblauch, Ingwer und Pfirsich in den Mixtopf geben, **10 Sek. / Stufe 10** zerkleinern.
- Die restlichen Zutaten hinzufügen und **5 Sek. / Stufe 3** vermengen.

Tipp:

Wer es gerne scharf mag kann die Menge des Chilis deutlich erhöhen.

Tzatziki

Zutaten

1	Salatgurke
1	Knoblauchzehe
5 g	Petersilie, gehackt
5 g	Schnittlauch, in feinen Röllchen
50 g	Schmand
100 g	Joghurt (10%)
1 Tl	Zucker
1 Tl	Salz

etwas Pfeffer

Zubereitung

- Die Gurke schälen, vierteln und das Kerngehäuse entfernen.
- Die Gurke zusammen mit dem Knoblauch in den Mixtopf geben, **3 Sek. / Stufe 5** zerkleinern und in ein Sieb umfüllen.
- Die Gurke in dem Sieb gut ausdrücken und wieder in den Mixtopf geben.
- Restliche Zutaten hinzufügen und **10 Sek. / Stufe 3** vermengen.

Tipp:

Zum Dippen mit frischem Fladenbrot und der Klassiker zu Gyros.

Warme-Kräuter-Zabaione

Zutaten

30 g	Rucola
¼ Bd.	Petersilie
60 g	Butter
1	Ei
2	Eigelb
20 g	Weißwein
70 g	Apfelsaft
1 Tl	Zucker
¼ Tl	Salz

etwas Pfeffer

Zubereitung

- Rucola und Petersilie in den Mixtopf geben, **3 Sek. / Stufe 8** hacken und umfüllen.
- Butter in den Mixtopf geben, **1 Min. / 90°C / Stufe 1** schmelzen und umfüllen.
- Mixtopf spülen und Rühraufsatz einsetzen.
- Ei, Eigelb, Weißwein und Saft in den Mixtopf geben, **6–7 Min. / 70°C / Stufe 3** aufschlagen.
- Butter sowie die restlichen Zutaten hinzufügen und **25 Sek. / 70°C / Stufe 3** unterrühren.
- Die Zabaione sofort servieren.

Tipp:

Passt besonders gut zu Fischgerichten.

Eiersalat

Zutaten

6	Eier
500 g	Wasser
60 g	Zwiebeln, halbiert
30 g	Essiggurken, halbiert
1 Tl	Öl
50 g	Katenschinken, gewürfelt
60 g	Mayonnaise
100 g	Saure Sahne
60 g	Frischkäse
¼ Tl	Curry
¼ Tl	Pfeffer
1 Tl	Senf
etwas Zucker	

Zubereitung

- Eier in das Garkörbchen legen.
- Wasser in den Mixtopf einwiegen, Körbchen einhängen und **15 Min. / Varoma / Stufe 1** kochen.
- Die Eier abschrecken, auskühlen lassen, schälen und halbieren.
- Zwiebeln und Gurke in den sauberen Mixtopf geben, **3 Sek. / Stufe 5** zerkleinern.
- Öl hinzufügen, **2 Min. / Varoma / Stufe 1** dünsten und abkühlen lassen.
- Eier sowie die restlichen Zutaten hinzufügen und **6 Sek. / Stufe 3** vermischen.

Antipasti-Kassler-Creme

Zutaten

15 g	Zwiebeln
60 g	Paprika, gefüllt und eingelegt (Antipasti)
75 g	Kassler, in Stücken
10 g	Tomatenmark
150 g	Quark
80 g	Frischkäse
2 Tl	Limettensaft
1	Prise Salz
½ Tl	Zucker

Zubereitung

- Zwiebeln, Kassler und Paprika in den Mixtopf geben, **6 Sek. / Stufe 5** zerkleinern.
- Die restlichen Zutaten hinzufügen und **10 Sek. / Stufe 2–3** vermischen.
- Zum Servieren evtl. mit einer Paprika dekorieren.

Bacon-Oliven-Creme

Zutaten

45 g	Bacon, in Scheiben
10 g	Zwiebeln
1 kl.	Knoblauchzehe
15 g	schwarze Oliven, entsteint
5 g	Kapern
5 g	Petersilie, entstielt
30 g	Crème fraîche
50 g	Mayonnaise
90 g	Frischkäse
5 g	Senf
1	Prise Salz

etwas Pfeffer

Zubereitung

- Bacon halbieren und mit den Zwiebeln, Knoblauch, Oliven, Kapern und der Petersilie in den Mixtopf geben und **4 Sek. / Stufe 5** zerkleinern.
- Die restlichen Zutaten hinzufügen und **10 Sek. / Stufe 2–3** vermengen.

Matjessalat

Zutaten

35 g	Zwiebeln
50 g	Apfel, ohne Schale u. entkernt
100 g	Matjesfilet, halbiert
65 g	Mayonnaise
40 g	Schmand
½ Tl	Salz
½ Tl	Zucker
etwas Pfeffer	
5 g	Sahnemeerrettich
5 g	Schnittlauch, in Röllchen

Zubereitung

- Zwiebeln in den Mixtopf geben, **3 Sek. / Stufe 5** zerkleinern.
- Apfel in Stücken und Matjes hinzufügen, **1 Sek. / Stufe 4** ebenfalls zerkleinern.
- Die restlichen Zutaten hinzufügen und **10 Sek. / Stufe 2** vermischen.

Paprika-Creme

Zutaten

50 g	Käse, in Stücken
15 g	Parmesan, in Stücken
50 g	Paprika, aus dem Glas
20 g	Mayonnaise
100 g	Frischkäse
100 g	Schmand
1 El	Petersilie, gehackt
½ Tl	Oregano
½ Tl	Thymian
1	Prise Salz

etwas Zucker und Pfeffer

Zubereitung

- Den Käse in den Mixtopf geben, **10 Sek. / Stufe 6** reiben und umfüllen.
- Paprika in den Mixtopf geben, **3 Sek. / Stufe 4** zerkleinern.
- Geriebenen Käse sowie die restlichen Zutaten hinzufügen und **15 Sek. / Stufe 2** vermengen.

Curry-Pfirsich-Dip

Zutaten

1	Knoblauchzehe
2	kleine Scheiben Ingwer
1	Pfirsich, gehäutet und entkernt
120 g	Mayonnaise
150 g	Schmand
½ Tl	Curry
1 El	Dill, fein gehackt
1 Tl	Honig

etwas Chili

Zubereitung

- Knoblauch, Ingwer und den halbierten Pfirsich in den Mixtopf geben, **10 Sek. / Stufe 6** zerkleinern.
- Die restlichen Zutaten hinzugeben und **15 Sek. / Stufe 2** vermengen.

Porree-Mandarinen-Dip

Zutaten

110 g	Frischkäse
80 g	Schmand
1 Tl	Senf
1 Tl	Zucker
½ Tl	Kräutersalz
½	Limette, Abrieb davon
45 g	Porree, fein geschnitten
120 g	Mandarinen, abgetropft (Dose)

Zubereitung

- Alle Zutaten in den Mixtopf geben, **12 Sek. / Stufe 2** vermengen.
- Vor dem Servieren mit etwas Porree und Mandarinenscheiben dekorieren.

Thunfisch-Ei-Aufstrich

Zutaten

2	Eier
20 g	Zwiebeln
1	Knoblauchzehe
1 Dose	Thunfisch (Abtropfgew. 145 g)
2 El	Schnittlauch, in Röllchen
65 g	Mayonnaise
65 g	Crème fraîche
50 g	Frischkäse
½ Tl	Salz
½ Tl	Zucker

etwas Pfeffer

Zubereitung

- Die Eier in das Garkörbchen legen.
- Wasser in den Mixtopf einwiegen, Körbchen einhängen und **15 Min. / Varoma / Stufe 1** kochen.
- Die Eier abschrecken, auskühlen lassen, schälen und halbieren.
- Zwiebeln und Knoblauch in den Mixtopf geben, **3 Sek. / Stufe 5** zerkleinern.
- Thunfisch, Eier und Schnittlauch hinzufügen, **2 Sek. / Stufe 5** verrühren.
- Die restlichen Zutaten hinzufügen und **10 Sek. / ⟲ / Stufe 2** vermengen.

Auberginen-Creme

Zutaten

1	Aubergine (ca. 350–400 g)
½	Zitrone, Saft davon
50 g	Schafskäse
100 g	Frischkäse
60 g	Schmand
2 Tl	Ajvar
1 Tl	Honig
1 Tl	Zucker
½ Tl	Salz
etwas Pfeffer	
1 El	Öl zum Anbraten

Zubereitung

- Die Aubergine schälen, die Enden abschneiden, längs halbieren und das Kerngehäuse ca. 2 cm tief entfernen.
- Die Aubergine würfeln, mit dem Zitronensaft vermengen und ca. 5 Min. ziehen lassen.
- Auberginenwürfel mit dem Öl in einer Pfanne anbraten und etwas abkühlen lassen.
- Aubergine in den Mixtopf geben, **10 Sek. / Stufe 4** zerkleinern.
- Schafskäse und Frischkäse hinzufügen, **10 Sek. / Stufe 7** vermischen.
- Die restlichen Zutaten hinzufügen und **10 Sek. / Stufe 3** vermengen.

Forellen-Creme

Zutaten

125 g Forellenfilet, geräuchert
90 g Frischkäse
40 g Crème fraîche
2 El gemischte Kräuter, gehackt
½ Zitrone, Abrieb davon
1 Tl Zitronensaft
1 Prise Salz
etwas Pfeffer

Zubereitung

- Alle Zutaten in den Mixtopf geben und **10 Sek. / Stufe 4** vermischen.

Aioli

Zutaten

2	Knoblauchzehen
110 g	Mayonnaise
2 El	Cognac
40 g	Orangensaft
15 g	Ketchup
2 El	gemischte Kräuter, gehackt
100 g	Schmand
100 g	Frischkäse
½ Tl	Salz

etwas Pfeffer

Zubereitung

- Knoblauch in den Mixtopf geben, **4 Sek. /Stufe 6** zerkleinern.
- Die restlichen Zutaten hinzufügen und **25 Sek. /Stufe 2** vermischen.

Möhren-Aufstrich

Zutaten

300 g	Möhren, in Stücken
¾	Apfel, entkernt in Stücken
1	rote Paprika, entkernt in Stücken
50 g	Zwiebeln
1 El	Petersilie
180 g	Schmand
2 El	Sahne
1 Tl	Senf
1 Tl	Zucker
1 Tl	Zitronensaft
½ Tl	Salz
¼ Tl	Pfeffer
3 El	Olivenöl

Zubereitung

- Möhren, Apfel, Paprika, Zwiebel und Petersilie in den Mixtopf geben, **5 Sek. / Stufe 4** zerkleinern.
- Die restlichen Zutaten hinzufügen und **15 Sek. / Stufe 3** vermengen.

Paprika-Dip

Zutaten

10 g	Ingwer
2	Zwiebeln, halbiert
2	Knoblauchzehen
1	grüne Paprika, entkernt in Stücken
2	gelbe Paprika, entkernt in Stücken
3	rote Paprika, entkernt in Stücken
1	Orange, Saft davon
3 El	Tomatenmark
2 El	Honig
1 Tl	Salz
15 g	Orangenlikör
2 El	Speisestärke

Zubereitung

- Ingwer, Zwiebeln und Knoblauch in den Mixtopf geben, **4 Sek. / Stufe 6** zerkleinern.
- Paprika hinzufügen und **4 Sek. / Stufe 6** ebenfalls zerkleinern.
- Die restlichen Zutaten, ausgenommen die Speisestärke, hinzugeben, **20 Min. / 100°C / Stufe 2** ohne MB kochen.
- Speisestärke in etwas Wasser auflösen und in den Mixtopf dazugeben, **5 Min. / 100°C / Stufe 2** weiter kochen.
- Den Dip vor dem Servieren kalt stellen.

Tipp:

Passt sehr gut zum Grillen.

Kräuter-Kapern-Dip

Zutaten

1	Knoblauchzehe
1 El	Kapern
1 El	Petersilie, gehackt
1 El	Schnittlauch, in Röllchen
50 g	Mayonnaise
100 g	Schmand
50 g	Quark
2 Tl	Honig
1 El	Orangensaft
1 Tl	Ketchup

etwas Pfeffer

Zubereitung

- Knoblauch, Kapern und Kräuter in den Mixtopf geben, **2 Sek. / Stufe 5** zerkleinern.
- Die restlichen Zutaten hinzufügen und **20 Sek. / Stufe 2** vermischen.

Tomaten-Aufstrich

Zutaten

1	Knoblauchzehe
10 g	Zwiebeln
30 g	Tomaten, getrocknet in Öl (FP)
150 g	Crème fraîche
100 g	Frischkäse
15 g	Tomatenmark
1	Prise Salz
10 g	Honig
¼ Tl	Zitronensaft

etwas Pfeffer

Zubereitung

- Knoblauch, Zwiebeln und Tomaten in den Mixtopf geben, **5 Sek. / Stufe 9** zerkleinern.
- Die restlichen Zutaten hinzufügen und **20 Sek. / Stufe 2** vermengen.

Schimmelkäse-Dip

Zutaten

100 g	Frischkäse
100 g	griechischer Joghurt
30 g	Mais
3 El	Kräuter, gehackt
50 g	Blauschimmelkäse
1 Tl	Puderzucker
1 El	Honig
2 El	Limettensaft
1½ Tl	Kräutersalz

Zubereitung

- Alle Zutaten in den Mixtopf geben und **50 Sek. / Stufe 3** vermischen.

Tipp:

Sie können auch Weißschimmelkäse verwenden, dadurch wird der Dip etwas milder.

Lachs-Dip

Zutaten

1	Schalotte
½	Knoblauchzehe
2–3	Stiele Dill
50 g	Lachs, geräuchert
1 Tl	Sahnemeerrettich
25 g	Mayonnaise
100 g	Frischkäse
90 g	Schmand
½ Tl	Honig
1 Tl	Zitronensaft
1	Prise Salz

etwas Pfeffer

Zubereitung

- Schalotte, Knoblauch, Dill und Lachs in den Mixtopf geben, **4 Sek. / Stufe 6** zerkleinern.
- Die restlichen Zutaten hinzufügen und **4 Sek. /↺/Stufe 5** vermengen.

Raum für ihre Notizen

Raum für ihre Notizen